28 Février 1903.

V

VENTE

Du Samedi 28 Février 1903

HOTEL DROUOT, SALLE Nº 10

à deux heures

Objets de Curiosité

DE L'ORIENT

ÉMAUX ET LAQUES

DE LA CHINE ET DU JAPON

PROVENANT DES COLLECTIONS

De M. le Mis de THUISY

Mᵉ PAUL CHEVALLIER, commissaire-priseur

MM. MANNHEIM, experts

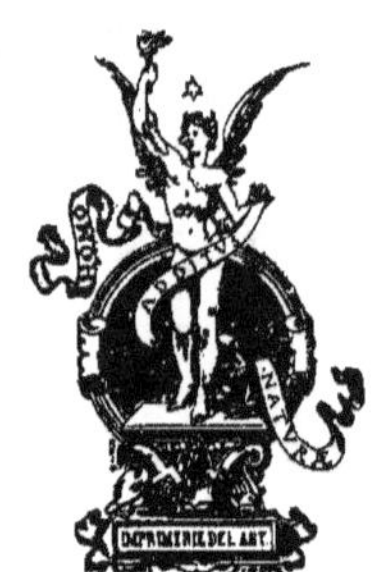

CATALOGUE

DES

OBJETS DE CURIOSITÉ

CHINOIS, JAPONAIS & ORIENTAUX

ÉMAUX CLOISONNÉS ET PEINTS

Laques de Peking et du Japon

OBJETS DIVERS EUROPÉENS

LANTERNES CHINOISES ET ORIENTALES

VITRINES

PROVENANT DES COLLECTIONS DE M. LE MARQUIS DE THUISY

Et dont la vente aura lieu

HOTEL DROUOT, SALLE Nº 10

Le Samedi 28 Février 1903

A DEUX HEURES

COMMISSAIRE-PRISEUR

Mᵉ PAUL CHEVALLIER
10, rue Grange-Batelière

EXPERTS

MM. MANNHEIM
7, rue Saint-Georges

EXPOSITION PUBLIQUE

Le Vendredi 27 Février 1903, de 1 h. 1/2 à 5 1/2

CONDITIONS DE LA VENTE

Elle sera faite au comptant.

Les acquéreurs paieront *dix pour cent* en sus des prix d'adjudication.

L'exposition mettant le public à même de se rendre compte de l'état et de la nature des objets, il ne sera admis aucune réclamation, une fois l'adjudication prononcée.

Paris. — Imprimerie de l'Art, E. Moreau et Cie, 41, rue de la Victoire.

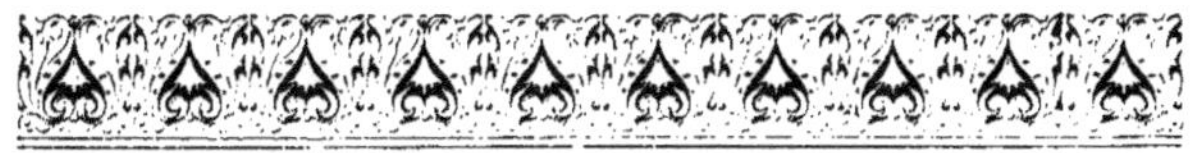

DÉSIGNATION

ÉMAUX CHINOIS ET JAPONAIS

1 — Deux pitongs en émail cloisonné de la Chine, fleurs sur fond rouge.

2 — Deux petites boîtes rondes en émail cloisonné de la Chine, fleurs sur fond bleu.

3 — Deux oiseaux en émail cloisonné de la Chine.

4 — Deux lanternes en ancien émail cloisonné de la Chine et bronze, décor de fleurs.

5 — Deux petites pagodes en ancien émail cloisonné de la Chine, avec montures en bronze : elles abritent un brûle-parfums d'où s'échappent des flammes.

6 — Quatre petites boîtes variées en émail peint, de Canton. (Seront divisées.)

7 — Deux pitongs ajourés en ancien émail peint de la Chine : fleurs sur fond bleu.

8 — Bassin, dragons et attributs sur fond bleu. Ancien émail peint de Chine.

9 — Plat, fond bleu-turquoise, décor de fleurs. Ancien émail peint de Chine.

10 à 15 — Sous ces numéros : plateaux, compotiers, soucoupes, etc., en émail peint de la Chine. (Seront divisés.)

16 — Quatre plats, ancien émail peint du Japon : fleurs, sur fond jaunâtre.

LAQUES DU JAPON
ET DE LA CHINE

17 — Cantine en laque du Japon : plantes et arbustes sur fond aventurine.

18 — Petit meuble-étagère en laque du Japon, décoré d'oiseaux sur fond noir.

19 — Grande boîte rectangulaire en ancien laque du Japon : armoiries et rinceaux sur fond poudré or.

20 — Boîte longue en ancien laque du Japon : arbustes sur fond rouge.

21 — Boîte à écrire en ancien laque du Japon : paysage sur fond aventurine ; revers du couvercle, laqué or.

22 — Petite boite longue en ancien laque du Japon : paysage montagneux animé; fond aventuriné.

23 — Petite boite carrée en ancien laque du Japon : paysage montagneux, masqué en partie par des nuages; fond aventurine.

24 — Boite rectangulaire en ancien laque du Japon : papillons, sur fond aventurine.

25 — Boite carrée en ancien laque du Japon : paysage avec cascade, fond noir poudré d'or.

26 — Boite carrée en ancien laque du Japon : paysage avec arbuste et oiseaux, fond noir.

27 — Boite carrée en ancien laque du Japon : ilots avec pont, fond rouge.

28 — Petit cabinet à deux portes en ancien laque du Japon à paysages, fond noir.

29 — Boite en écaille laquée du Japon, à personnages.

30 à 38 — Sous ces numéros, petites boites variées en laque du Japon. (Seront divisées.)

39 — Petit cabinet en ancien laque de la Chine, à deux portes, avec quatre tiroirs : paysages et personnages; garniture de cuivres.

40 — Boite carrée en ancien laque de Pékin à fond noir : rochers et arbustes en relief et couleurs.

41 — Boite carrée à compartiments superposés en ancien laque de Chine à reliefs : paysage animé; fleurs sur les côtés.

42 — Boite à écrire de forme carrée en ancien laque burgauté du Japon : paysage animé.

43 — Boite oblongue analogue à la précédente, mais décorée en relief.

44 — Boite à écrire oblongue, analogue à la précédente.

45 — Sceptre de mandarin en ancien laque rouge de Péking : décor d'attributs.

46 — Grande boite plate à pipes de forme rectangulaire en ancien laque rouge et vert de Péking : décor de dragons.

47 — Petit cabinet de forme contournée en ancien laque rouge de Péking : tiroirs intérieurs masqués par un recouvrement à décor de motifs irréguliers. Monture en cuivre.

48 — Grand boite lenticulaire en ancien laque rouge et vert de Péking, à décor d'oiseaux et caractéres d'écriture.

49 — Autre analogue.

50 — Grande boîte profonde à huit faces et à compartiments en ancien laque rouge et vert de Péking, à personnages et animaux.

51 — Autre analogue en ancien laque rouge de Péking.

52 — Petit cabinet en ancien laque rouge de Péking à deux portes et compartiments intérieurs : paysages animés.

53 — Petit cabinet oblong en ancien laque rouge de Péking, à personnages ; porte sur le côté, masquant des tiroirs.

54 — Boîte carrée à compartiments superposés en ancien laque rouge de Péking : paysage et fleurs.

55 à 59 — Plusieurs petites boîtes variées en ancien laque rouge de Péking. (Seront divisées.)

60 — Boîte rectangulaire en bois naturel, couvercle en ancien laque rouge de Péking, à personnages.

OBJETS VARIÉS
DE L'EXTRÊME-ORIENT ET AUTRES
VITRINES

61 — Boîte, à bords découpés, en bois; couvercle orné d'un quadrillé semé de fleurettes en jade gris de la Chine.

62 — Sceptre de mandarin en bois sculpté, avec plaques de jade. Ancien travail chinois.

63 — Boîte, à deux compartiments superposés, en bois avec applications de nacre, agate, etc.; ustensiles et personnages; poignée indépendante. Ancien travail chinois.

64 — Boîte oblongue en bois avec applications de nacre, corne, agate, etc.; chevaux, personnages, etc. Ancien travail chinois.

65 — Autre analogue, à cinq compartiments superposés; décor de rochers et arbustes; attributs sur les côtés. Ancien travail chinois.

66 — Porte-fleurs, pierre de lard. Chine.

67 — Disque ajouré sur tige à rinceaux, pierre de lard. Chine.

68 — Boîte oblongue en bois avec applications de
burgau, corne, etc.; arbustes, rochers et oiseaux.
Ancien travail japonais.

69 — Boîte en bois naturel : cavalier passant une
rivière. Ancien travail japonais.

70 à 75 — Lot d'anciens pitongs japonais en ivoire
et bois. (Sera divisé.)

76 — Petit panneau en bois avec applications en
grès : personnages et cheval. Japon.

77 — Grand chandelier en ancien bronze du Japon,
orné de dragons.

78 à 86 — Sous ces numéros, lot d'anciens bronzes
chinois et japonais. (Seront divisés.)

87 — Jardinière en céramique laquée rouge : décor
doré. Japon.

89 et 90 — Lot de divinités chinoises, japonaises,
indiennes et mexicaines en bronze, bois, etc.
(Sera divisé.)

91 — Petit écran en bois, avec applications de
burgau : personnages et arbustes. Tonking.

92 — Petit écran en bois incrusté de burgau :
paysages. Tonking.

93 — Petit écran en bois laqué : feuille ornée d'une
plaque en ancienne porcelaine de Chine, à
personnages.

94 — Petit écran en laque, avec applications de nacre : éléphant et personnages.

95-96 — Plusieurs boites en bois incrusté de burgau. Tonking. (Seront divisées).

97 à 103 — Lot de boites et coffrets chinois et japonais variés. (Sera divisé).

104 à 109 — Sous ces numéros : environ vingt lanternes chinoises en bois ajouré, cuivre et verre à décor de personnages. Disposées pour le gaz. (Seront divisées.)

110 à 113 — Sous ces numéros : environ vingt lanternes orientales en cuivre et verres de couleurs. (Seront divisées.)

114 — Lyre Empire.

115 à 118 — Lot d'instruments de musique orientaux et autres. (Sera divisé.)

119-120 — Lot de chaussures et coiffures orientales et autres. (Sera divisé.)

121 — Petit cabinet à abattant en bois, incrusté d'os ; décor d'imbrications. Ancien travail oriental.

122 — Petit cabinet à abattant, décor de fleurs, en bois incrusté d'os. Ancien travail oriental.

123 — Autre, analogue.

124 — Petit cabinet à abattant, décoré au vernis : oiseaux, fleurs, emblèmes et légendes. Ancien travail des colonies espagnoles.

125 — Salière. Battersea.

126 — Petit cabinet indien en bois incrusté d'os et de bois de couleurs, à personnages et animaux.

127 — Cinq pièces, verrerie : carafes de Khalians, et candélabres.

128 — Petite table persane octogone en cuivre gravé.

129 à 132 — Lot de cuivres orientaux.

133 à 136 — Objets variés : terres cuites, pipes, socles.

137 — Trois vitrines plates, montures de cuivre, à piètement en bois.

Longueur de piètement. 1 m. 47 cent.
Larg., 98 cent.